LES CAHIERS
BIEN DANS MA VIE !

COMMENCER À MÉDITER

É. COUZON

EDITIONS | PRISMA

Directeur : Pierre-Olivier Bonfillon
Directrice éditoriale : Françoise Kerlo
Responsable d'édition : Virginie Hamelin assistée de Fanny Truchon
Chef de fabrication : Flora Bellanger

Mise en page : Chloé Sadoun
Illustration de couverture : Fotolia
Illustrations : Cléo Wehrlin

 Dépôt légal : juin 2017

ISBN : 978-2-8104-2166-4
Imprimé en Pologne par Dimograf

FSC
www.fsc.org
MIXTE
Papier issu de sources responsables
FSC® C018236

LES CAHIERS BIEN DANS MA VIE !

Vivez-vous pleinement votre vie ou suivez-vous un chemin tracé par d'autres ?

La meilleure façon de le savoir est de vous laisser guider au fil de cet itinéraire conçu pour vous aider à peaufiner « votre » recette du mieux-être, voire du bonheur…

Rédigé par des experts reconnus, chaque cahier vous propose des outils et des axes de réflexion pour vous permettre de pratiquer et de progresser simplement, à votre rythme, chez vous, et d'en ressentir rapidement les bienfaits.

Crayon en main, empruntez ce chemin fait de petits pas et de grandes étapes pour vivre mieux.

EN BONUS : 100 STICKERS !

Utilisez-les :

- comme marque-pages et mémos ;
- pour suivre votre progression dans ce cahier :

- pour réaliser les activités. Vous y serez invité par ce pictogramme 

- pour vous inspirer, avec des citations et des dessins à coller partout où vous voulez !

VOTRE PARCOURS PAS À PAS

Pratique bouddhiste de 2500 ans, la méditation de pleine conscience est désormais sortie des monastères. À l'initiative de scientifiques de talent, elle a été laïcisée et est devenue une pratique utile à tous pour réduire le stress, l'anxiété et faire face aux difficultés de la vie.

La méditation aide à trouver un équilibre émotionnel bienvenu dans un monde d'agitation. Elle propose une façon d'être pour atteindre la paix et la liberté intérieures.

La méditation nous ouvre la porte vers un monde meilleur auquel nous aspirons tous : une société qui privilégie l'amour, la bienveillance, la compassion, la gratitude, l'altruisme et la joie.

Pour vous qui souhaitez commencer à méditer, nous avons conçu ce cahier pour vous donner des repères et vous aider dans **vos premiers pas en méditation de pleine conscience**.
Vous y trouverez des explications simples pour intégrer la démarche étape par étape, ainsi que beaucoup de méditations à pratiquer au quotidien.

Vous ferez ainsi de votre pratique de méditation quotidienne un moment d'intimité avec vous-même, un moment pour « être ».

TESTEZ VOS CONNAISSANCES

Cochez les réponses qui vous semblent exactes :

1 Méditer, c'est :

- **1** s'arrêter
- **2** penser à autre chose
- **3** réciter une prière

2 La méditation de pleine conscience consiste à :

- **1** être là, dans l'expérience du moment présent
- **2** développer son imagination
- **3** faire le vide dans sa tête
- **4** suivre une thérapie

3 La méditation de pleine conscience permet de :

- **1** mieux faire face au stress
- **2** mieux gérer son anxiété
- **3** diminuer la douleur
- **4** ne pas ressentir ses émotions

STICKERS

Placez le sticker "curseur" sur la règle en fonction de vos réponses.

VOUS EN ÊTES ICI

4 Qu'est-ce qui favorise la présence à soi ?

- **1** mettre le turbo dans ses activités
- **2** ne faire qu'une seule chose à la fois
- **3** ralentir
- **4** être dans la conscience de ses sens

5 La pleine conscience encourage à :

- **1** ne pas juger les autres
- **2** critiquer les autres
- **3** ne pas se juger
- **4** l'empathie

que des bonnes réponses

3 ou 4 bonnes réponses

- de 3 bonnes réponses

Réponses : 1 = 1 | 2 = 1 | 3 = 1, 2, 3 | 4 = 2, 3, 4 | 5 = 1, 3, 4

MÉDITER ? C'EST S'ARRÊTER !

La méditation consiste d'abord à faire une pause, à stopper le « faire » pour s'accorder un moment dans l'« être ».

D'après Jon Kabat-Zinn, « pleine conscience signifie être attentif d'une manière particulière : délibérément, dans le moment présent et sans jugement. »

Un vrai défi dans la turbulence et l'agitation de nos vies actuelles !

Cette pratique va nous aider à cultiver la présence : présence à soi, à ce qui nous entoure, aux autres et au monde.
La méditation de pleine conscience est une manière d'être, une façon de voir dans la profondeur de soi et de son corps, de comprendre « la nature de son esprit » dans sa vie. Il s'agit avant tout d'une expérience.

« Méditer, c'est rester présent, rien de plus. » Jon Kabat-Zinn

ARRÊTONS-NOUS QUELQUES INSTANTS !

Prenons quelques instants pour être présent à nous-mêmes.
Ressentons le contact de nos mains sur le papier de ce cahier : quelle est sa texture ? son poids ? son odeur ?

Comment est notre respiration ? courte ? profonde ? saccadée ? tranquille ? À quel endroit dans notre corps ressentons-nous notre respiration ? nez ? thorax ? ventre ?

Quelles pensées suscite ce début de lecture ?
Quelles sont nos émotions en cet instant ?

Respirons encore un peu dans notre corps tout entier, dans la conscience d'être vivants.

SOYEZ PRÉSENT

Être présent, c'est être là à 100 %, conscient de ce qui se passe, d'instant en instant.

Méditer, c'est **se relier à soi-même dans la présence**.
C'est être attentif à ce qui se passe : son corps, sa respiration, ses pensées, ses émotions.

Méditer, c'est **se relier au monde**, à son environnement, en utilisant ses organes des sens : ce que l'on voit, ce que l'on entend, ce que l'on goûte, ce que l'on sent...

Méditer, c'est aussi **être dans l'unité**, faire un avec tous ses sens, ses ressentis dans l'ici et maintenant.

C'est cela, la « pleine conscience ». Cette conscience « pleine » de l'unité où rien n'est séparé ni rejeté.

Pour être présent, soyez attentif **aux 4 états de la méditation** :

* se poser ;
* ressentir ;
* être au contact ;
* laisser être.

Installons-nous dans une position confortable, pour nous ***poser*** *dans le moment présent.*

Quel est notre ***ressenti*** *en cet instant ? Ressenti dans notre corps, ressenti de notre position sur la chaise, ressenti de notre respiration là où elle est le plus présente.*

Prenons un moment pour ***être au contact de ce qui est là****, le silence intérieur, et laissons les pensées passer sans nous y accrocher.*

Ressentons ce qui change dans ce présent : changements dans les sensations corporelles ou dans la respiration.

Laissons être*, sans intervenir. Ouvrons-nous à l'acceptation de ce qui est dans ce moment présent.*

SOYEZ PRÉSENT

Pour vivre en conscience, deux pratiques complémentaires se renforcent mutuellement :

* La pratique formelle : c'est la méditation de pleine conscience à laquelle nous décidons de consacrer un temps précis et régulier dans notre journée. Nous trouverons dans ce cahier les méditations formelles de la respiration, la méditation assise, la méditation du body-scan, la marche méditative, signalées avec cette icône :

* La pratique informelle : c'est la méditation de pleine conscience au quotidien que nous pratiquons dans la présence et la conscience, au cours de nos activités. Nous laissons la pratique imprégner tous les aspects de notre vie. Elle sera aussi développée dans ce cahier, identifiable grâce à cette icône :

« Être pleinement présent n'est pas quelque chose qui se produit une fois pour toutes ; c'est être éveillé au flux et au reflux, au mouvement et à la création de la vie, être sensible au processus de la vie elle-même. » Pema Chödrön

Êtes-vous présent ?
Placez un sticker là où vous vous situez. STICKERS

J'ai tendance à vivre dans le passé : je me remémore les souvenirs, mes souffrances sous forme de ruminations, je ressasse.

Mon exemple :

Oui, je vis dans le présent : je suis à 100 % à ce que je fais.

Mon exemple :

J'ai tendance à vivre dans le futur : je me douche en pensant au planning de ma journée, à mes projets.

Mon exemple :

Comment puis-je être davantage présent dans ma vie ?

MÉDITER,

Dans la pratique de la méditation, nous ne cherchons pas de résultat.

Pourtant, les études scientifiques ont validé de nombreux effets :
* sur la santé physique ;
* sur la santé mentale ;
* sur la relation que nous entretenons avec les autres.

Retrouvez ces bienfaits ! Entourez dans chaque catégorie les effets qui vous semblent réels.

Pour la santé physique :

Réduire le stress.

Favoriser une plus grande immunité.

Réduire et prévenir les maladies cardio-vasculaires.

Diminuer la douleur.

Ralentir le vieillissement des chromosomes.

Modifier le cerveau : sa structure et ses fonctions.

À QUOI ÇA SERT ?

Pour la santé mentale :

Réguler l'humeur et les émotions vers plus d'équilibre.

Réguler l'attention, développer la concentration et l'efficacité.

Atténuer la rumination mentale.

Modifier la perception de soi et des autres.

Mieux gérer son rapport à soi, ses pensées, ses émotions.

Pacifier son esprit, connaître la sérénité et la paix intérieure.

Dans la relation aux autres :

Développer l'empathie, l'altruisme, la compassion.

Développer l'intelligence émotionnelle.

Favoriser sa flexibilité mentale et relationnelle.

Réponse : toutes les propositions sont effectives.

VIVEZ-VOUS EN PLEINE CONSCIENCE ?

Évaluez votre aptitude à vivre en pleine conscience.

STICKERS

Utilisez des stickers notés de 1 à 3 :
1 = presque jamais, 3 = presque toujours.

	Aujourd'hui, le ... / ... / ...	Dans un mois, le ... / ... / ...
Je suis attentif à ce que je fais.		
Je fais une seule chose à la fois.		
Je prends le temps de respirer lorsque je sors de chez moi.		
Je suis là, je ne pense pas souvent au passé, ni au futur.		
J'évite les comportements automatiques, j'effectue mes tâches en étant concentré.		
Lorsque je mange, je prête attention aux aliments et à leur goût.		
J'aime m'attarder à regarder le paysage ou la nature.		
Quand je marche dans la rue, je ressens mon corps.		
Je suis rarement dans mes pensées quand je fais quelque chose.		
J'aime m'attarder pour observer ou écouter ce qui m'entoure.		

« Vivre en pleine conscience, ralentir son pas et goûter chaque seconde et chaque respiration. » Thich Nhat Hanh

	Aujourd'hui, le ... / ... / ...	Dans un mois, le ... / ... / ...
Mes amis, mes enfants disent que je les écoute avec attention.		
Je suis attentif à mon ressenti et à mes émotions.		
Je prête attention aux tensions et aux douleurs dans mon corps.		
Je me souviens du nom des personnes que l'on me présente.		
Lorsque je me déplace à pied ou en voiture, je suis attentif à mon itinéraire.		
Total		

Plus votre score est élevé, plus vous savez déjà vivre en pleine conscience. Si les résultats sont bas, pas d'inquiétude : vous allez faire de nouveaux apprentissages avec les exercices de ce cahier.

TEST À REFAIRE...

Vous pouvez aussi refaire ce test après un mois de pratique de la pleine conscience et mesurer ainsi vos progrès.

POURQUOI VOULEZ-

Réfléchissez à ce qui vous pousse à vouloir commencer à méditer.
Et découvrez ce qui va soutenir votre engagement dans votre pratique de méditation.

	Oui	Non
J'ai juste envie d'apprendre à méditer, ça peut m'aider à me sentir mieux au quotidien.		
J'ai envie de gérer mon stress, mon anxiété, ma dépression ou mes douleurs chroniques.		
J'ai envie de mieux gérer mes émotions, mes peurs, mes colères, ma tristesse.		
J'ai envie d'être apaisé face aux conflits que je rencontre dans ma vie quotidienne.		
J'ai peur du burn-out.		
J'ai juste envie d'essayer, car c'est à la mode en ce moment.		

VOUS MÉDITER ?

	Oui	Non
J'ai envie d'être plus à mon écoute : ressentir mon corps, mes sensations ; observer mes pensées, mes émotions.		
J'ai envie de me sentir mieux dans ma peau.		
J'ai envie de passer du mode « faire » au mode « être ».		
J'ai envie de ralentir.		
J'ai envie d'améliorer ma relation aux autres.		
Je souhaite retrouver mon humanité.		
Je veux m'ouvrir à l'altruisme, à la compassion.		
Autre ? ______		

Mon intention de commencer à méditer pour les raisons suivantes :

______

______

______

va soutenir mon engagement à méditer quotidiennement !

PRATIQUER : OÙ ? QUAND ? COMMENT ?

OÙ ?

Dans un endroit calme, qui sera tous les jours le même.

Je choisis de pratiquer la méditation à/dans/au ☐

QUAND ?

Il est nécessaire de dégager du temps. Ce n'est pas un temps supplémentaire, une activité de plus, à mettre dans son planning.
Il s'agit d'un temps pour « être » !
Le matin ? le soir ? au milieu de sa journée ?

Je choisis de pratique la méditation à ☐ **heures.**

COMBIEN DE TEMPS ?

Choisissez une plage horaire fixe et régulière. 10 à 15 minutes pour commencer, puis augmentez la durée progressivement. C'est la régularité qui importe.

Je choisis de pratiquer ☐ minutes.

COMMENT ?

On peut méditer...
Assis : méditation du souffle, méditation assise.
Couché : méditation du body-scan.
En mouvement : marche méditative, mouvements en pleine conscience.

PRATIQUER : OÙ ? QUAND ? COMMENT ?

Les postures de méditation assise

Nous pouvons choisir la position qui nous convient en fonction de notre souplesse. Ce qui compte : avoir le dos droit dans une position souple et digne, pouvoir rester stable et immobile sans tension. Quand nous méditons par terre, un coussin relève notre bassin pour que nos genoux tendent vers le sol.
Nous pouvons aussi utiliser un banc de méditation.

Ressentons notre verticalité, notre stabilité, soyons solides comme une montagne, notre corps vivant !

« Soyez assis avec toute la majesté inaltérable et inébranlable de la montagne. Laissez votre esprit s'élever, prendre son essor et planer dans le ciel. » Sogyal Rinpoché

La posture couchée

Testez différentes positions avant de choisir celle que vous préférez !

Yeux ouverts ou fermés ?
L'un ou l'autre ! Si vous avez les yeux ouverts, le regard est dirigé vers le bas, sans rien fixer, la tête restant dans la verticalité.

Quelle est votre position préférée ?

RESPIREZ, VOUS ÊTES VIVANT !

La méditation du souffle est la base de la pratique formelle de pleine conscience.

Nous vous conseillons d'être assis dans une position qui incarne l'éveil, le dos droit et souple. L'objet de l'attention est votre respiration. Rien à faire, rien à changer, juste suivre le mouvement de votre respiration en centrant votre attention sur votre ressenti dans le corps.

Votre esprit va s'échapper : les pensées vont se manifester. Il s'agit d'un phénomène normal ! L'important, c'est de constater que votre esprit a vagabondé et dérivé, et de revenir à l'objet initial d'attention.

« Respirer ne transforme pas la réalité. Mais respirer transforme l'expérience que l'on a de la réalité. Et préserve nos capacités à agir sur cette réalité. » Christophe André

MÉDITATION DU SOUFFLE

Assis dans une position stable et éveillée, amenons la respiration consciente au centre de notre attention.

Laissant notre corps respirer de lui-même, sentant les doux allers et retours de la respiration dans cette présence à nous-mêmes, étant attentifs au souffle entrant et sortant du corps.

Explorant l'air qui entre dans le corps, le sentant passer par le nez, par la gorge et peut-être le début des bronches. Explorant comment le thorax et le ventre se soulèvent à chaque inspiration et s'affaissent à chaque expiration.

Continuant à observer ce va-et-vient du souffle comme les vagues. Surfant sur les vagues de la respiration, conscients de leur nature éphémère et transitoire...

Laissant le flux de la respiration ondoyer dans tout le corps.
Inévitablement, l'attention va s'éloigner de la respiration vers des pensées, des bruits, ou d'autres parties du corps. C'est normal, c'est toujours ainsi que l'esprit fonctionne. Il s'échappe parfois 10 fois, 100 fois et même plus !

Remarquant que nous sommes partis ailleurs, laissant les pensées passer comme des nuages dans le ciel, félicitons-nous de l'avoir remarqué en ramenant gentiment l'esprit à notre souffle.

Poursuivant l'expérience en silence...

Continuant d'amener doucement la conscience sur chaque respiration, l'une après l'autre.

Quand nous terminons ce moment de présence à la respiration, nous emportons cette conscience du souffle comme une ancre qui nous ramène chez nous. Elle sera là dans toutes nos activités et nous pouvons prendre le temps de respirer, de nous sentir exister.
Être vivant tout simplement !

LA MÉDITATION,

La méditation est un entraînement à la présence et à l'attention.

Prenons l'exemple de la méditation du souffle (page précédente).
Vous avez observé que vos pensées se sont manifestées à plusieurs reprises.
On appelle cela le « vagabondage de l'esprit ». C'est un phénomène normal !
Voici ce qui s'est passé :

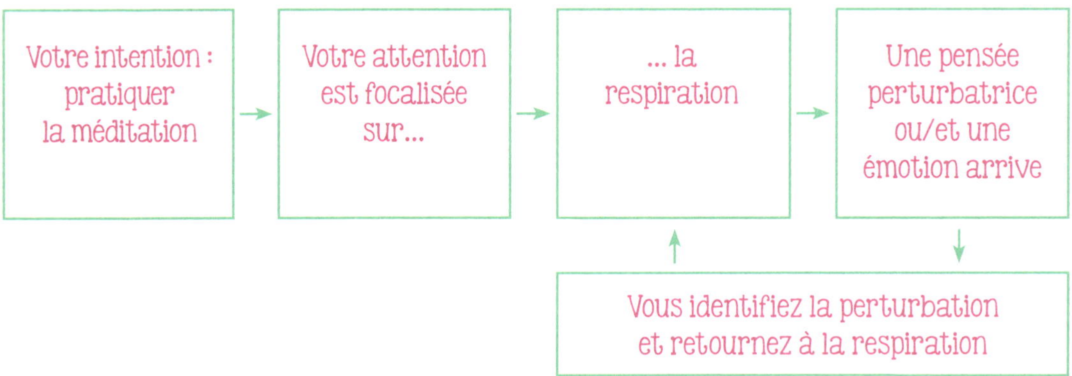

Choisissez un exemple dans votre pratique d'aujourd'hui :

* Quelles pensées perturbatrices avez-vous rencontrées ?

UN ENTRAÎNEMENT

* Avez-vous ressenti des émotions ? Lesquelles ?

LA MÉDITATION, UN ENTRAÎNEMENT

* Avez-vous eu envie de suivre ces pensées ?

* Quand vous vous en êtes rendu compte, êtes-vous revenu rapidement à votre respiration ?

Vous allez peu à peu devenir plus conscient de vos pensées et de vos émotions, qui peuvent se présenter naturellement pendant la méditation. Vous repérerez aussi plus facilement leur nature.

Cochez dans la liste suivante le type de pensées et d'émotions que vous avez rencontrées :

- Pensées du passé : ressassement, rumination, regrets.
- Pensées du futur : projet, planification, anticipation.
- Pensées critiques : sur soi, sur les autres.
- Pensées de comparaison.
- Émotions perturbatrices : désirs, attachement, colère, aversion, jalousie, orgueil, envie, peur.
- Émotions d'amour, de compassion, d'amitié, de joie.
- Rêveries.

En progressant dans la pratique de la méditation, vous développerez une conscience plus ouverte et prendrez du recul par rapport à votre vécu.

EXPLOREZ VOTRE CORPS

Dans notre course effrénée du quotidien, nous avons tendance à oublier notre corps !

La pause de méditation du scan corporel nous invite à rentrer à l'intérieur de nous-même et favorise la connexion corps-esprit. C'est une méditation de santé et d'unité. Elle se pratique généralement allongé, mais il est possible de la faire assis.

MÉDITATION DU SCAN CORPOREL

Allongés sur le dos, commençons par nous féliciter de prendre soin de nous en nous accordant ce moment de méditation.

Ressentons les points de contact de notre corps allongé.
Soyons présents à notre souffle, l'inspire et l'expire, sans rien changer.

Nous allons explorer les chemins de notre corps au travers de nos sensations : picotements, démangeaisons, vibrations, légèreté, lourdeur, fraîcheur, chaleur, sensations agréables, désagréables ou neutres, tensions, détente, douleur…

Inspirons et expirons plusieurs fois dans chaque partie du corps, présents à chaque endroit avant de passer à un autre.
* *Commençons par le pied, puis la cheville, la jambe, le genou, la cuisse et la hanche gauche.*

* *Faisons la même chose pour la jambe droite.*
* *Soyons présents à notre dos, de bas en haut.*
* *Soyons présents à notre ventre.*
* *Remontons, repérons nos sensations dans le thorax et la poitrine, son expansion à chaque inspiration, notre cœur qui bat.*
* *Soyons présents à la main, au poignet, au bras et aux épaules, à gauche puis à droite.*
* *Remontons jusqu'au visage : les mâchoires, les lèvres, le nez, les yeux, les oreilles, les joues, le front, le poids de la tête.*

Soyons présents à l'ensemble de notre corps : notre corps respire, accueillons son unité et sa complétude.

Exprimons notre gratitude envers notre corps et remercions-nous de ce moment d'auto-compassion, de bienveillance.

Quand allez-vous utiliser cette méditation dans votre quotidien ?
Le matin ? Le midi ? Le soir ? ______________________________

VOS 5 SENS

Avec cette méditation des 5 sens, nous nous relions au monde à travers ce que nous voyons, entendons, sentons, humons, goûtons.

MÉDITER AVEC UN GRAIN DE RAISIN

Prenons un raisin sec. Imaginons que nous sommes un martien et que nous ne connaissons pas cet objet. Nous allons l'explorer avec une curiosité nouvelle :

* *Explorons-le avec un **œil nouveau** : sa couleur, sa forme, sa taille, sa texture, les plis et les creux, tous ses détails ;*
* *Continuons avec le **toucher** : son poids, sa température, sa forme, sa taille ;*
* *Poursuivons avec **l'odorat** : humons-le en conscience ;*
* *Continuons avec **l'ouïe** : faisons-le tourner doucement entre nos doigts : qu'entendons-nous ? Un crissement ? Un crépitement ? Autre chose ? ;*
* *Poursuivons l'expérience avec un autre contact : approchons-le de la **bouche**. Remarquons si nous salivons. Touchons-le du bout des lèvres en ressentant les sensations que cela procure.*

Mettons-le dans notre bouche, au contact de la langue, des gencives, des dents. Notre langue peut en explorer les contours, la texture, la consistance, le poids...

Déplaçons-le dans la bouche. Que remarquons-nous ?

Croquons-le juste une fois.

Commençons à le mâcher lentement. Observons le changement de consistance avant de l'avaler et de suivre son trajet dans la gorge.

Remarquons le goût et les sensations qui restent après cette expérience.

Félicitons-nous d'avoir fait cette expérience de méditation des 5 sens en dégustant ce grain de raisin.

EN ÉVEIL

Quelle a été mon expérience ?

STICKERS

Choisissez votre émotion parmi les stickers et collez-la ici.

Comment je me sens maintenant ?

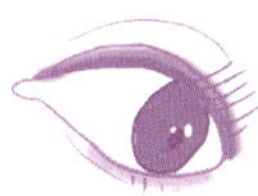

Que puis-je explorer avec mes 5 sens aujourd'hui ?

LA MÉDITATION ASSISE DE PLEINE CONSCIENCE

La méditation assise permet de passer en mode « être » (le non-agir), de retrouver la stabilité et l'équilibre intérieurs face aux tempêtes de la vie, de prendre conscience de l'activité du mental et des émotions, de reprendre contact avec soi-même…

La méditation assise comporte 5 points essentiels :

Nous allons explorer toutes ces méditations dans les pages suivantes. Vous pouvez choisir de n'en pratiquer qu'une ou de les enchaîner pour pratiquer l'ensemble.

Pour chacune de ces méditations, nous adoptons une position stable, digne et souple, qui nous met en éveil.

MÉDITATION DU SOUFFLE

Nous retrouvons la présence à notre souffle. Ce va-et-vient respiratoire, au fur et à mesure de la pratique, vous enseigne la nature toujours fluctuante de l'expérience. Il vous ramène à l'impermanence des choses et à l'aspect changeant de la vie. Il vous apprend à vous laisser porter plutôt que de résister. La résistance provoque de la souffrance, du stress et de l'inconfort. Nous vous invitons à reprendre la méditation proposée dans les pages précédentes : « Respirez, vous êtes vivant ! »

Après cette méditation, répondez à ces questions :

Comment cela s'est-il passé ?

Quelles étaient vos pensées pendant cette méditation du souffle ?

STICKERS

Choisissez votre émotion parmi les stickers et collez-la ici.

Comment vous sentez-vous maintenant ?

MÉDITATION DE LA CONSCIENCE DU CORPS

Cette méditation vous invite à vous connecter à votre corps, à le ressentir. Il ne s'agit pas de penser à votre corps ni de chercher à vous détendre, juste être avec.

Prenons un instant pour nous connecter à notre souffle, concentrés sur le va-et-vient de la respiration. Nous sentant bien établis dans le ressenti de la respiration, nous commençons à élargir le champ de notre attention et à y inclure les sensations physiques de notre corps tout entier.

Respirons jusqu'au bout des pieds, jusqu'au bout des doigts, laissons la respiration s'amplifier dans le corps entier, dans la conscience des sensations corporelles, dans le flux changeant des sensations.

Ressentons la présence aux sensations physiques dans la posture : le contact avec la chaise, le contact des pieds au sol.

Restons dans le ressenti du corps en percevant aussi les sensations plus isolées qui le traversent : tensions, détente, chaleur, fraicheur, lourdeur, légèreté, picotements, fourmillements, vibrations ou toute autre chose.

Il se peut que nous ressentions de l'inconfort, une douleur dans la posture. Prenons le temps d'observer et de ressentir avant de réagir. Ces sensations sont-elles fixes ou changeantes ? Que se passe-t-il si je respire dedans ? Quelles sont les pensées et émotions qui accompagnent l'inconfort ?

Remarquons que nous sommes attirés par ces sensations, alors que le reste du corps demeure dans le confort.

Notre esprit va inévitablement vagabonder et s'égarer. Notons-le simplement, et félicitons-nous de nous reconnecter chaque fois à notre expérience en ramenant l'attention avec douceur vers notre corps qui respire.

Laissons-nous parcourir les chemins de notre corps à notre rythme en étant présents à son mouvement propre, à la nature changeante de toute sensation.

Reconnectons-nous à notre respiration comme une ancre. Nous pouvons encore prolonger notre méditation un moment.

Quand nous ouvrirons les yeux, nous repartirons avec la présence à notre corps qui nous accompagne et la possibilité de revenir dans le ressenti plusieurs fois dans la journée.

Quels ont été vos ressentis pendant cette méditation ?

STICKERS

Choisissez votre émotion parmi les stickers et collez-la ici.

MÉDITATION DE LA CONSCIENCE DES SONS

Laissons-nous un instant pour écouter notre univers sonore !

Soyons présents au paysage sonore qui est le nôtre en ce moment.
Laissons-nous accueillir les sons qui nous entourent, dans ce bain constant de bruits qui arrivent à nos oreilles, sans être à la recherche des sons, qu'il s'agisse de sons lointains ou de sons proches, qu'ils soient plaisants, déplaisants ou neutres. Ils viennent tous percuter nos oreilles et la conscience qui entend.
Soyons plutôt présents à leur timbre, à leur volume, à leur sonorité, à leur durée…
Observons combien il est difficile d'accueillir les sons sans juger, sans mettre des étiquettes, sans qu'ils déclenchent des images ou des pensées.
Soyons à l'écoute de tout ce que nous nous racontons sur les bruits, ce que nous voulons ou pas entendre et accueillons également ces jugements en revenant simplement à ce qui est là pour être entendu, instant après instant…
Observons comment nous réagissons aux sons, agréables, comme désagréables. Ils nous renvoient ainsi à la façon dont nous réagissons aux évènements heureux ou douloureux de notre vie.
Accueillons tout ce qui vient, avec cette même présence et attention, dans cette capacité sensorielle à entendre.
Soyons présents au silence, le silence entre les sons, le silence derrière les sons.
Lorsque nous terminerons cette méditation des sons, nous continuerons à vivre dans ce bain sonore au fil de la journée. Nous prendrons de nouveau des temps de pause pour nous relier aux sons.

« La véritable musique est le silence ;
toutes les notes ne font que l'encadrer. »
Miles Davis

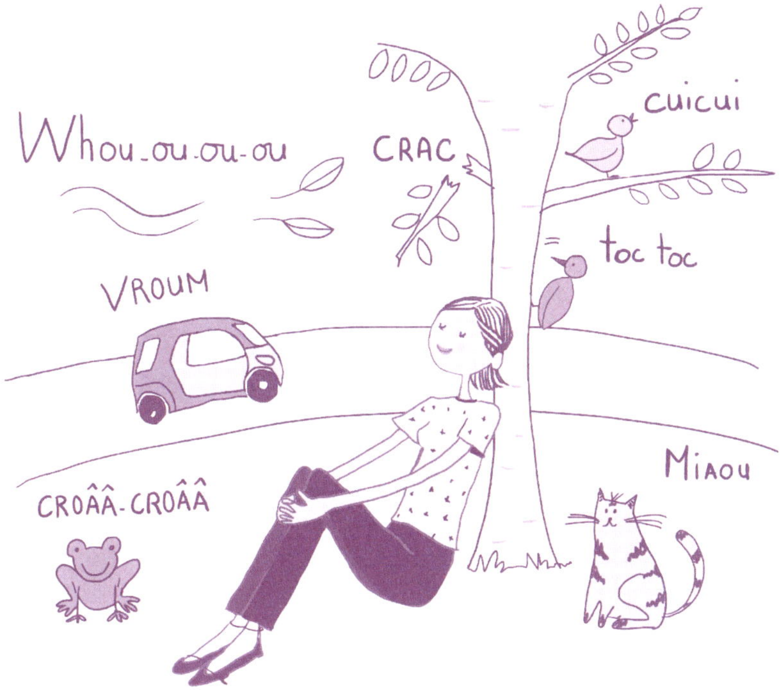

Quelle a été votre expérience de cette méditation des sons ?

MÉDITATION DE LA CONSCIENCE DES PENSÉES ET DES ÉMOTIONS

Le vagabondage des pensées est un phénomène normal et habituel. Il est un objet d'observation en pleine conscience. Nous allons alors pouvoir prendre du recul, pour davantage de lucidité.

Nos pensées engendrent des émotions parfois douloureuses que nous avons tendance à vouloir fuir. La pleine conscience nous apprend à les accueillir et à les accepter. N'oublions pas que les émotions nous rendent vivants, elles ont une fonction régulatrice de notre corps et de notre esprit. Cette méditation vous permet d'en faire l'expérience.

Prenons un moment pour nous reconnecter à notre souffle et à notre corps dans le ressenti de ce qui se passe dans l'instant présent.
Invitons maintenant nos pensées et nos émotions à être le centre de notre attention. Observons la façon dont elles se déploient : les pensées attirantes, celles qui reviennent en boucle, celles qui nous perturbent, celles qui sont plus neutres.
Notons si nous le pouvons de quel type de pensées il s'agit : une pensée du passé, une rumination, une pensée du futur, de projet, de planification, peut-être une sorte de rêverie, la description d'une sensation ou encore un jugement, une critique envers soi-même ou envers les autres.
Essayons de sentir leur impact sur nous, de remarquer comment une première pensée en entraîne une deuxième. Observons comment certaines disparaissent dès que nous en prenons conscience et d'autres exercent un plus grand pouvoir d'attraction.
Soyons au contact de la teneur émotionnelle des pensées. Il est normal de ressentir des émotions : peur, colère, tristesse, joie, honte, culpabilité ou autre émotion encore. Accueillons avec bienveillance ce qui se passe en nous.
Est-ce agréable ? Est-ce douloureux ? Ressentons dans quelle partie de notre corps elles se manifestent. Observons nos compulsions habituelles à vouloir éviter les ressentis perturbateurs. Nous pouvons les accueillir et leur laisser l'espace pour exister.

Laissons-nous accepter nos pensées et nos émotions pour ce qu'elles sont, des évènements mentaux et émotionnels éphémères, en développant une plus grande intimité avec notre intériorité.
Maintenons notre centrage en revenant maintenant à notre souffle.
Quand nous terminerons cette méditation, nous repartirons avec cette nouvelle expérience que nous ont enseignée les pensées et les émotions.

STICKERS

Collez des stickers "souris" dans les cases qui vous correspondent.

Notez quelle a été votre expérience

	Agréables	Désagréables	Neutres
Pensées			
Émotions			
Sensations corporelles			

MÉDITATION DE LA CONSCIENCE OUVERTE

La méditation de la conscience ouverte consiste à accueillir tout ce qui vient, sans se focaliser sur un objet d'attention précis. S'ouvrir à ce qui est là ici et maintenant va nous permettre d'augmenter le contact à ce qui est agréable et de répondre avec justesse à ce qui ne l'est pas.

Revenons un instant à notre souffle, là où nous pouvons le ressentir de la façon la plus tangible : le nez, la poitrine, le ventre. Élargissons notre attention à notre corps tout entier. Élargissons encore en accueillant les sons. Peut-être que des pensées, des émotions nous traversent ; plutôt que de les chasser, ouvrons encore plus largement notre attention vers une conscience élargie qui englobe tout ce qui se présente dans l'instant.
Sans nous focaliser sur un objet particulier, devenons simplement présents à ce qui prédomine en cet instant : une sensation, un son, une perception, une image, une pensée, une émotion dans cette conscience élargie qui contient tout : joie, tristesse, irritations, douleurs, agitation, ennui, déprime… où tout peut se libérer dans un espace illimité et lumineux de conscience.
Accueillons nos tempêtes intérieures, les remous de notre expérience intérieure, en les laissant aller et venir dans un espace d'acceptation bienveillante de ce qui se présente.
Prenons conscience de notre propre perception de notre présence et du fait que nous sommes vivants. Restons dans notre propre perception intérieure de notre plénitude, au-delà de nos pensées et de nos émotions, libres par rapport à elles…
Être simplement ce que nous sommes, simplement être.

Quelle a été votre expérience de cette méditation de la conscience ouverte ?

LA MARCHE MÉDITATIVE

La marche méditative se pratique n'importe où : dans un jardin, dans la forêt, dans la rue, chez soi... Habituellement, quand nous marchons, nous portons notre attention sur notre destination. Ici, dans la marche méditative en pleine conscience, il s'agit de privilégier l'expérience que nous vivons en marchant, sans aucun but. Grâce à l'attention aux sensations de nos pieds et de notre corps en mouvement, nous cultivons ainsi cet arrêt du mental.

Marchons d'abord lentement en décomposant le mouvement, en ressentant tous les muscles et les articulations dans leur fonctionnement, puis notre corps dans sa globalité. Nous pouvons ensuite varier le rythme et garder cette même qualité d'attention dans une marche plus rapide. Commencer par une pratique courte, de 5 à 10 minutes, puis allonger le temps.

Nous sommes là debout, le corps relâché, les bras dans une position confortable, présents à notre respiration. Sentons le poids du corps sur nos pieds, les genoux souples ; ressentons notre posture, notre buste, notre tête, nos épaules.

Nous avançons lentement : d'abord un pied, en portant notre attention à la plante du pied, l'articulation de la cheville, le genou et la jambe alors que l'autre pied commence juste à se soulever pour se poser à son tour, pas après pas.

Un peu plus tard : portons notre attention à notre corps en mouvement : le balancement des bras et de la tête, notre posture et toutes les modifications dans le corps.

Nous explorons notre équilibre, pas après pas, lentement, accueillant ce qui est dans une curiosité bienveillante. Soyons ouverts à tout ce que nous pouvons remarquer, agréable ou non.

Poursuivons notre marche. Changeons de rythme pour explorer notre ressenti, pas après pas, instant après instant...
Remarquons la nature changeante de notre expérience, et accueillons ce qui vient.
Nous pouvons nous arrêter un moment et regarder ce qui se passe autour de nous, admirer le paysage et nous sentir reliés à la nature.

Quelle a été votre expérience de cette marche méditative ?

FAIRE OU ÊTRE ?

La méditation de pleine conscience nous fait prendre conscience de nos modes de fonctionnement.

Le mode faire = fonctionner en « pilote automatique » sans présence aux gestes que nous accomplissons tel un conducteur sur une autoroute qui avance de façon automatique et ne sait plus où il se trouve.

*** Quels sont vos exemples en mode « faire » ?**

Lâcher le pilote automatique, c'est être présent à 100% à ce qui est, avec ses 5 sens.
On adopte alors le mode « être ».

Le mode « être » = prendre le temps du ressenti, avec tous ses 5 sens, dans son environnement.

*** Quels sont vos exemples en mode « être » ?**

	Mode faire	Mode être
1 Je conduis en pensant à mon planning.		
2 J'écoute le chant d'un oiseau.		
3 Je fais le ménage en écoutant la radio.		
4 Je regarde et j'apprécie un coucher de soleil.		
5 Je joue avec mes enfants dans une grande attention à ce qui se passe.		
6 Je me promène, avec mes écouteurs sur les oreilles, sans regarder ce qui se passe.		
7 Je dis bonjour, en étant dans l'accueil de l'autre.		

Mode faire : 1, 3, 6
Mode être : 2, 4, 5, 7

Pour lâcher le pilote automatique et vivre en mode « être », toutes les activités de routine sont concernées : se lever, se doucher, se brosser les dents, s'habiller, manger, conduire, prendre le train, passer l'aspirateur, cuisiner, s'asseoir, embrasser quelqu'un, dire bonjour, s'installer à son bureau, pratiquer un sport, etc.

FAIRE OU ÊTRE ?

Choisissez une activité courte que vous effectuez habituellement « en pilote automatique » et exercez-vous à être pleinement présent en mettant de l'attention et de la bienveillance dans vos gestes.

* Cette semaine, je choisis :

* Décrivez votre expérience à la fin de la semaine.

* Quelle activité je choisis pour la semaine suivante :

RÉVEILLONS-NOUS EN PLEINE CONSCIENCE

Voici une pratique à mettre en place pour commencer votre journée, en lâchant le pilote automatique et en étant présent à 100 % !

Au moment du réveil dans notre lit, explorons les sensations de notre corps : la détente, les tensions ; puis observons notre respiration.

Explorons notre humeur : comment nous sentons-nous ce matin ? Comment se présentent nos pensées et nos émotions ?

Prenons le temps de ressentir ce dont notre corps a besoin à cet instant : s'étirer, rester au chaud, changer de position...

Lorsque nous nous levons, soyons présents à nos gestes : soulever la couette, relever notre corps, poser les pieds sur le sol... Soyons attentifs à nos sensations.

Si nous prenons notre douche, ressentons les sensations de l'eau qui s'écoule sur notre peau, les zones où c'est agréable, les zones où c'est moins agréable, sa chaleur, sa fraîcheur. Respirons l'odeur du gel douche et portons attention aux gestes et au contact de notre main sur la peau. Demeurons attentifs à tous nos sens en éveil.
Soyons présents aux mouvements de la serviette sur notre corps et habillons-nous lentement, en contact avec chaque mouvement, avec chaque sensation.

STICKERS

Choisissez vos émotions parmi les stickers et collez-les ici.

Quelles sont vos émotions et sensations après cette méditation ?

Qu'est-ce qui a changé dans votre corps et dans votre mental ?

Débuter la journée par ces exercices de pleine présence a des effets sur son déroulement. **Qu'avez-vous constaté ?**

UN REPAS EN PLEINE CONSCIENCE

Comme nous l'avons exploré avec le grain de raisin, nous pouvons poursuivre l'expérience avec un repas en pleine conscience.

En lâchant notre pilote automatique, nous nous donnons la possibilité d'être plus éveillés à ce qui se passe dans notre vie, nous pouvons « être » tout simplement !

Observez la façon dont vous mangez vos repas habituellement et entourez ce qui vous concerne :

Je mange très vite, je ne mastique pas, je regarde la TV en même temps, je ne suis pas conscient des odeurs ou de ce qu'il y a dans l'assiette, j'avale tout rond, je rêve, je parle, je suis dans mes pensées, je lis, je travaille, je ne savoure pas.

Si vous avez entouré un maximum de mots, vous avez besoin d'apprendre à manger en pleine conscience, sinon, vous êtes déjà dans la présence pendant votre repas !

Exerçons-nous !

Respirons et regardons notre assiette et les aliments qu'elle contient : leurs textures, leurs couleurs, leurs formes. Respirons les odeurs qui viennent à notre nez.

Puis nous les portons lentement à la bouche avec une attention au mouvement. Mâchons avec lenteur, en prenant le temps de la dégustation : quelle est la texture ? Quelle est la progression du goût dans la bouche ? Le goût est-il agréable ? désagréable ? ni agréable ni désagréable ? Avalons en suivant le trajet vers l'estomac.

Puis nous pouvons reprendre une bouchée.

Poursuivons notre repas en posant la fourchette entre chaque bouchée.

Soyons attentifs au moment où nous sommes rassasiés. Que se passe-t-il alors ? Envie de plus ? Soyons conscients de notre choix de poursuivre ou non le repas, conscients des besoins de notre corps. Respirons un instant quand nous avons terminé.

Votre expérience :

Comment vous sentez-vous après ce repas ?

Au niveau des sensations de votre corps,
de votre estomac :

Au niveau des émotions :

Et quelques heures après ?

3 MINUTES D'ESPACE

Nous pouvons pratiquer l'espace de respiration dans la journée pour revenir à nous et nous remettre en pleine conscience.

Cette pratique est aussi un excellent interrupteur de stress. Et elle nous permet de prendre connaissance rapidement de notre météo intérieure.
Traversez ces trois étapes d'une minute chacune :

1

Nous ouvrons notre conscience à ce qui se passe maintenant et à ce qui nous traverse : quelles sont mes pensées ? Quelles sont mes émotions ? Quelles sont mes sensations corporelles ? Y a-t-il des tensions dans mon corps ?

2

Nous focalisons notre attention sur le souffle. Le va-et-vient de l'inspire et de l'expire, l'air qui entre et qui sort par le nez, le ventre, les mouvements de l'abdomen. La respiration est notre ancre qui nous ramène à la pleine conscience de nous-même.

3

Nous élargissons notre attention à notre corps tout entier, nous accueillons tout ce qui vient, tensions comme détente, en continuant de respirer dans notre corps entier, dans une conscience plus large.

DE RESPIRATION

1 = conscience :
accueillir pensées / émotions / sensations

2 = focaliser
sur les sensations de la respiration / sensations

3 = élargir
au corps tout entier comme un tout

En pratiquant régulièrement – au moins trois fois par jour – cet espace de respiration, nos pensées deviennent plus claires, nos décisions plus justes, nos actions plus alignées.

« Une demi-heure de méditation est essentielle sauf quand on est très occupé. Alors une heure est nécessaire ! » Saint François de Sales

FAITES FACE

Au cours de la pratique méditative, certains obstacles vont surgir. C'est habituel pour tous les méditants de les rencontrer !

Faites le point sur vos obstacles :

	Oui	Non
Je ne trouve pas le temps pour méditer 		
Mon esprit est toujours agité 		
Je suis submergé par mes émotions 		
Je m'ennuie 		
Je m'endors 		
La position inconfortable provoque des douleurs 		
Je veux y arriver tout de suite, je suis impatient 		
Je me juge pendant la méditation 		
Autre : ______________________________		

AUX OBSTACLES

Comment faire face aux obstacles ?

* Rencontrer son obstacle et en faire un objet de méditation.
* Se relier à son intention, à son engagement de commencer la méditation.
* Lâcher toute idée de réussite ou d'échec.
* Cultiver la bienveillance vis-à-vis de soi et de ces obstacles.

FAITES FACE AUX OBSTACLES

Reliez ce qui va ensemble pour trouver des options à vos obstacles :

Je ne trouve pas le temps **1** •

Le mental est toujours agité **2** •

Je suis submergé par mes émotions **3** •

Je m'ennuie **4** •

Je m'endors **5** •

J'ai des douleurs **6** •

Je me juge **7** •

Je veux y arriver tout de suite, je suis impatient ! **8** •

Réponses : 1 - **E** | 2 - **A** | 3 - **G** | 4 - **B** | 5 - **C** | 6 - **H** | 7 - **F** | 8 - **D**

• A Commencez par une petite marche méditative, focalisé sur vos pieds. Et reprenez la méditation. Rappelez-vous que le vagabondage de l'esprit est normal.

• B Observez : est-ce habituel ? Quel est le sens ? Quelles sensations cela provoque-t-il dans votre corps ? Quelle émotion y est associée ? Respirez dedans et laissez les changements s'effectuer.

• C Cela révèle peut-être un déficit de sommeil. Ou revoyez votre posture ou l'horaire de votre méditation pour être davantage en éveil.

• D Avec la méditation, vous apprendrez à « muscler » votre patience. Observez les sensations dans votre corps et respirez dedans. Souriez à ce qui se passe au lieu de vous agacer, vous avez beaucoup à apprendre à être bienveillant !

• E Commencez par des petits temps de méditation, 5 à 10 minutes par jour, avant de vous entraîner davantage.

• F Bravo pour ce constat. Avec la méditation, vous apprendrez à cultiver la bienveillance avec vous-même.

• G Les émotions sont comme des vagues, laissez retomber la vague : respirez dedans et laissez être en observant les changements qui se produisent.

• H Commencez par vérifier votre posture qui doit être confortable, autorisez-vous à changer de position en pleine conscience.

MÉDITATION DE LA JOIE ET DE LA GRATITUDE

Nous avons souvent l'occasion d'aller explorer nos émotions de peur, de tristesse, de colère, de honte, de culpabilité...
N'oublions pas que nous pouvons aussi accueillir et explorer les émotions agréables qui nous renforcent pour affronter les moments difficiles. Accueillons-les avec gratitude.

* Quelles sont les situations qui vous procurent de la joie ?

* Quel sens de votre vie se dégage quand vous éprouvez de la joie ?

* Que ressentez-vous dans votre corps quand vous êtes joyeux ?

* Avec qui partagez-vous ces émotions joyeuses ?

* Comment pouvez-vous être plus joyeux au quotidien ?

Vous pratiquerez cette méditation un jour où vous vous sentirez particulièrement joyeux.

Prenons le temps de nous relier à la présence de notre souffle instant après instant, inspire après expire.
Laissons-nous respirer dans notre corps tout entier.

Soyons présents à la tonalité joyeuse de nos émotions heureuses actuellement.
Comment pouvons-nous les nommer ? Réjoui, content, enthousiaste, reconnaissant, épanoui, plein d'affection, gai, émerveillé, serein, ou un autre mot nous vient-il à l'esprit quand nous sommes joyeux ?
Quelles sont les sensations que déclenche ce moment agréable et heureux ? Accueillons ces sensations, laissons se répandre la plénitude que donne cette expérience heureuse, la goûter, la savourer, sans pour autant s'y accrocher. Laissons ces moments de bonheur aller et venir, laissons ressentir la joie, forte ou douce, ses variations subtiles, ses changements.

Inspirons ce bien-être. Laissons ces douces sensations de joie s'inscrire dans chacune des cellules du corps, caresser le cœur, plein d'énergie et de confiance en la vie.
Continuons à respirer la joie et le bonheur d'être juste là, à l'apprécier, d'instant en instant, et remercions la vie de nous apporter ce moment de félicité.

Quand nous aurons terminé cette méditation, c'est avec cette expérience de joie et de gratitude que nous repartirons et continuerons à être attentifs aux petits moments de bonheur de la vie : une fleur, le chant d'un oiseau, une coccinelle qui se pose sur la main, le rire d'un enfant, le sourire d'une vieille dame… à tous ces petits riens qui peuvent enchanter la vie, en veillant à partager cette joie avec les autres.

« La joie profonde du cœur est une boussole qui nous indique le chemin de la vie. » Mère Theresa

MÉDITATION DE LA BIENVEILLANCE

Nous avons tous besoin d'amour, de bienveillance et de paix. Cultiver cette capacité à être bienveillant, à insuffler des graines de bonheur permet d'œuvrer pour construire un monde meilleur d'altruisme et de paix. Cette méditation peut nous y aider.

Souhaitons-nous la bienvenue dans cet espace profond de méditation. Ce moment est un moment pour être.

Ouvrons notre cœur à la bienveillance et respirons dedans. Faisons vœu pour nous-mêmes d'être libérés de ces souffrances, de vivre en sécurité, en bonne santé, pleins de vitalité, dans le bien-être, de demeurer en paix. Imprégnons-nous de ce sentiment d'amour sans limite. Inspirons et expirons.

Ouvrons cet espace d'amour et de bienveillance à toutes les personnes qui comptent pour nous : ancêtres, famille, amis, relations ; et à ceux envers qui nous avons de la reconnaissance : qu'ils soient en sécurité, en bonne santé, qu'ils connaissent le bonheur et le bien-être, qu'ils soient en paix, qu'ils soient remplis d'amour. Inspirons et expirons.

Élargissons cet espace d'amour et de bienveillance à tous ceux qui souffrent dans leur corps ou leur esprit, aux bourreaux et aux victimes, envoyons-leur ces vœux : qu'ils soient en sécurité, en bonne santé, qu'ils connaissent le bonheur et le bien-être, qu'ils soient en paix, qu'ils soient remplis d'amour. Inspirons et expirons.

Ouvrons encore ce cercle d'amour à toutes les personnes connues et inconnues, tous les êtres humains de notre univers, aux animaux, aux végétaux et aux minéraux. Faisons vœu : qu'ils soient en sécurité, en bonne santé, qu'ils connaissent le bonheur et le bien-être, qu'ils soient en paix, qu'ils soient remplis d'amour, de cet amour immense et sans limite. Inspirons et expirons. Observons nos sentiments de bien-être qui nous encouragent à poursuivre cette pratique de l'amour bienveillant.

Après cette méditation, nous reprendrons le cours de notre vie. Emportons avec nous cette force d'amour, de bienveillance et de paix pour la répandre autour de nous.

Quelle est mon expérience de cette méditation de la bienveillance ?

BIBLIOGRAPHIE

Christophe André, *Méditer jour après jour*, L'iconoclaste, 2011
Élisabeth Couzon, *Le Petit Livre de la méditation en pleine conscience*, First, 2016
Élisabeth Couzon, *Petite philosophie de la méditation,* First, 2014
Élisabeth Couzon, *La méditation de pleine conscience pas à pas,* ESF, 2013
Sa Sainteté le Dalaï-lama et Howard Cutler, *L'art du bonheur,* Éditions retrouvées, 2016
Jon Kabat-Zinn, *Où tu vas, tu es,* J'ai lu, 2013
Fabrice Midal, *Pratique de la méditation,* Le livre de poche, 2012
Matthieu Ricard, *L'Art de la méditation,* Pocket, 2010
Sharon Salzberg, *Apprentissage de la méditation,* Pocket, 2015
Thich Nhat Hanh, *Le miracle de la pleine conscience,* J'ai lu, 2008

Sites internet :
www.association-mindfulness.org/
meditation-enseignement.com
elisabethcouzon.com
meditationpleineconscience91.com

LES STICKERS POUR M'ÉVALUER

Positionnez ces stickers près de chaque exercice.

J'AI AIMÉ · J'AI AIMÉ · J'AI AIMÉ · J'AI AIMÉ · J'AI AIMÉ

J'AI AIMÉ · J'AI AIMÉ · J'AI AIMÉ · J'AI AIMÉ · J'AI AIMÉ

FACILE · FACILE · FACILE · FACILE · FACILE

DIFFICILE · DIFFICILE · DIFFICILE · DIFFICILE · DIFFICILE

JE LE REFERAI ! · JE LE REFERAI ! · JE LE REFERAI ! · JE LE REFERAI ! · JE LE REFERAI ! · JE LE REFERAI !

À RETENIR ! · À RETENIR ! · À RETENIR !

À RETENIR ! · À RETENIR ! · À RETENIR !

UN PEU D'INSPIRATION

« LA MÉDITATION, C'EST UNE CONSCIENCE CLAIRE DE TOUT ÉVÈNEMENT, UN SOUFFLE APAISÉ, UN ACCORD AVEC LE MONDE. » Blaise Pascal

« UNE DEMI-HEURE DE MÉDITATION EST ESSENTIELLE SAUF QUAND ON EST TRÈS OCCUPÉ. ALORS UNE HEURE EST NÉCESSAIRE. » Saint François de Sales

LES STICKERS POUR RÉALISER CERTAINS EXERCICES SUR LES PAGES CORRESPONDANTES

UN PEU D'INSPIRATION

« HIER EST DERRIÈRE, DEMAIN EST MYSTÈRE, ET AUJOURD'HUI EST UN CADEAU, C'EST POUR CELA QU'ON L'APPELLE LE PRÉSENT.» Proverbe chinois